Level 3 Reader

This graded reader is designed for use with *ARCOS Y ALAMEDAS*. Each reading selection corresponds to the similarly numbered chapter in that text. The reader can also be used with any third-year Spanish program.

Bernadette M. Reynolds
Montbello High School
Denver, CO

Carol Eubanks Rodríguez
Glen Crest Junior High School
Glen Ellyn, IL

Rudolf L. Schonfeld
Parsippany High School
Parsippany, NJ

Scott, Foresman and Company
Editorial Offices: Glenview, Illinois

Regional Offices: Sunnyvale, California • Atlanta, Georgia • Glenview, Illinois
Oakland, New Jersey • Dallas, Texas

Cover illustration by Lydia Halverson.
Cover title by Eliza Schulte.

Illustrations by Robert Baumgartner, chapter 13; Don Charles, chapters 11, 16; John Faulkner, chapter 3; Larry Frederick, chapters 5, 9, 15; Lydia Halverson, chapter 14; Linda Kelen, chapters 6, 12; Rob Porazinski, chapter 4; Ed Taber, chapter 1; Mr. Stubbs, chapter 10; George Suyeoka, chapter 7.

Calligraphy by Eliza Schulte, chapter 8.

ISBN: 0-673-20768-4

TABLA DE MATERIAS

1 Los abuelos de Chiquitín y Chiquitán, *Eduardo Aparicio* — 4

2 El cambio, *Elizabeth Millán* — 6

3 La verdadera historia del pastor y el lobo, *Felipe Garrido* — 8

4 El vendedor de globos, *Eduardo Robles Boza (Tío Patota)* — 11

5 El parque, *Elizabeth Millán* — 14

6 Los cuatro gatos, *Eduardo Robles Boza (Tío Patota)* — 16

7 Dora, *Roberto García* — 19

8 Sonetos de amor, *Pablo Neruda* — 22

9 Roberto y sus problema de adaptación, *Roberto García* — 26

10 Cómo el cóndor se quedó sin plumas en la cabeza, *Santiago Mendoza* — 30

11 El valor de las opiniones, *Don Juan Manuel* — 32
Una carta a Dios, *Gregorio López y Fuentes* — 36

12 Viaje a las estrellas, *Judy Veramendi* — 38

13 El mural, *Susan Dobinsky* — 42

14 La historia de Nin, *Ana María Matute* — 46

15 Lamento, *Bernadette M. Reynolds* — 51
A mi amigo, *Elizabeth Millán* — 52

16 La gama ciega, *Horacio Quiroga* — 54

Los abuelos de Chiquitín y Chiquitán

por Eduardo Aparicio

¿Alguna vez has podido *(have you ever been able)* resolver fácilmente un problema que parecía difícil?

¡Hola, Abuelos!

¡Hola, Chiquitín!
¡Hola, Chiquitán!

¿Quieren dar un paseo con nosotros?

Lo siento, pero yo no puedo. Tengo que arreglar el carro. El motor hace un ruido muy extraño cuando acelero. Y Abuela no deja de quejarse.

No es un ruido extraño. ¡Es un ruido horroroso! ¡Bota ese cacharro viejo a la basura!

¡No digas eso de nuestro carro! ¡Éste no es ningún cacharro!

A Abuela no le gustan las cosas viejas.

¿DE QUÉ SE TRATA?

1. ¿Cómo es la relación entre la abuela y el abuelo? ¿Conoces a una pareja parecida a los abuelos del cuento?
2. ¿Cómo es tu relación con tus abuelos u otra persona mayor?

¿QUÉ QUIERE DECIR?

el carro = el coche
horroroso   awful
bota . . . a la basura = tira . . . a la basura
auxilio = socorro
el bombillo = la bombilla

EL CAMBIO

por Elizabeth Millán

¿Te gustaría poder cambiar el tiempo cuando quieras?

El hombre del tiempo acaba de anunciar
que una gran ola de calor nos va a dominar.
Promete, con una sonrisa, que el mercurio va a subir tanto
que una temperatura de 38°C no debe causar ningún espanto.
5   Aconseja a todos que se vayan al mar
o a los lugares donde el sol no pueda castigar.
Pero yo no puedo seguir sus buenas sugerencias.
¿Por qué?
Porque no aprobé mi clase de ciencias.
10 Así como es lógico el centro de mi atención
no puede estar ni en el esquí acuático ni en la natación,
sino en la clase de doña Amalia García Castellón.
No entiendo de fórmulas, ni me gustan los experimentos.
Quizás por eso nunca entendí estos procedimientos.
15 Mientras me peleo con mi clase, la temperatura sigue subiendo,
¡hasta el agua de la piscina está hirviendo!
El aire está pesadísimo y es difícil caminar,
porque parece que en cada momento el asfalto me va a quemar.
Mis padres y hermanos sí tienen suerte—
20 ya se fueron a la montaña para evitar este sol tan fuerte.
Y yo en casa solo con el tío Pedro que es tan anticuado
que no se acostumbra ni al aire acondicionado.
En mi cuarto por las tardes y por las noches intento estudiar,
aunque con el calor es más difícil que durante el año escolar.
25 ¿Qué hago, entonces, para conseguir algún alivio,
de este calor alucinante que me causa tanto fastidio?

Cuando me quejo del calor delante de mi profesora,
ella sonríe y me dice—: Bueno, Miguel, ya es hora.
Si no te gusta algo, lo puedes cambiar,
y en eso las ciencias te pueden ayudar.
Tú detestas el calor y te quejas a todas horas.
Te voy a enseñar cómo conseguir la temperatura que adoras.
¡Qué fascinante! ¡Y qué increíble!
Yo por fin interesado en algo que hasta ahora no fue inteligible.
La observo y la ayudo: mezclamos, añadimos y substraemos,
hasta por fin conseguir lo que queremos:
un vapor, un gas y no-sé-qué-otro-producto,
que en seguida llevamos a lo alto del acueducto.
Lo tiramos al aire y pronto, tan pronto que parece mentira,
aparece del norte una brisa muy fría.
Con la brisa el calor pronto desaparece,
y en su lugar reaparece
una temperatura que nos agrada a todos y en todo momento,
menos, por supuesto, al hombre del tiempo.

¿DE QUÉ SE TRATA?

1. ¿Qué estación del año te gusta más y cuál te gusta menos?
2. ¿Crees que es mejor vivir donde las estaciones son muy diferentes o donde el clima es más o menos igual?
3. ¿Qué te parece la idea de tomar clases durante el verano?

¿QUÉ QUIERE DECIR?

el hombre del tiempo	weatherman	conseguir = obtener	
dominar	dominate	alucinante	muy impresionante
el espanto = el miedo		el fastidio	annoyance
castigar	punish	substraemos	we take away
la sugerencia	suggestion	parece	it seems
no aprobé = salí mal en		mentira	unbelievable
el procedimiento	procedure	aparece	appears
no se acostumbra	he is not accustomed to	agrada = gusta	

La verdadera historia del pastor y el lobo

por Felipe Garrido

¿Por qué crees que el cuento del pastor (*shepherd*) y el lobo
(*wolf*) es tan conocido?

—¿Nos lo vuelves a contar?—preguntó Lucía, mi hermana
mayor, y Papá dijo que sí con la cabeza, sin mirarnos, mientras
manejaba el coche por la carretera. Durante las dos horas
desde que salimos de casa, en camino a la playa, Papá nos
5   contaba la misma historia media docena de veces. Así es mi
hermana: cuando le gusta algo, puede pasar todos los días de
su vida mirándolo, escuchándolo, abrazándolo.

—¡La gran historia del pastor y el lobo!—anunció Mamá,
con voz de locutora de televisión.

10   Papá comenzó con su historia, mientras el coche corría por
el camino, bastante solitario.

—Una vez había un pastor muy mentiroso. Todos los días se
escondía cerca de los demás muchachos que cuidaban los
corderos y, de repente, comenzaba a gritar: "¡El lobo, el lobo!"
15   Sus compañeros corrían a ayudarlo y, cuando él los veía llegar,
con cara de susto, se reía bien y bonito. Todos los días hacía lo
mismo, hasta que un día . . .

Mamá hizo el sonido de un tambor, y Papá dejó pasar un
momento de silencio (oíamos sólo el ruido del viento en las
20   ventanas del coche) para dar énfasis a lo que iba a decir:

—Un día, llegó el lobo de verdad. El pastor sintió que no
podía hablar, ni respirar, ni mantenerse de pie. El lobo gruñía y
le mostraba los dientes. Finalmente, el pastor encontró un
poquito de aire en sus pulmones, un poquito de voz en su
25   garganta, y gritó con sus poquitas fuerzas: "¡El lobo, el lobo!"
Y aunque oían que su voz en verdad era la de un muchacho

asustado, los demás pastores creyeron que los engañaba otra vez y siguieron haciendo lo que hacían (jugando, o preparando su comida, o contándose historias). No movieron un dedo para ayudarlo, y el lobo lo comió, o por lo menos les dio mucho miedo a las ovejas y se llevó alguna para la merienda.

Yo tenía hambre, pero no dije nada porque me gusta que Papá cuente cuentos y no quería interrumpirlo.

—Moraleja:—anunció Mamá.

—Que los lobos comen a los mentirosos—dijo Lucía, y todos nos reímos.

—Más bien—dijo Papá—, que la gente no debe contar mentiras, porque luego, al decir la verdad . . .

—Nadie te va a creer—completó Mamá.

Por unos minutos el coche avanzó en silencio. Después, oímos la voz de mi hermana:

—Yo me imagino una historia distinta. Me da lástima el pastor.

—Por eso, es mejor decir la verdad—dijo Mamá.

—Piensen—insistió Lucía—, que el pastor, como en la historia de Papá, engañaba a sus compañeros diciéndoles que allí venía el lobo, aunque no fuera cierto. Y que lo hacía durante muchos días, hasta que . . .

—Ya nadie lo creía—dije yo.

—No, no—protestó mi hermana—. Hasta que un día llegó el lobo de verdad. El pastor sintió que no podía hablar, ni respirar, ni mantenerse de pie. El lobo gruñía y le mostraba los dientes

y el muchacho estaba muerto de miedo. Pero finalmente,
encontró un poquito de aire en sus pulmones, un poquito de
55 voz en su garganta, y salió corriendo con sus poquitas fuerzas,
mientras gritaba: "¡El lobo, el lobo!" Y se fue así adonde
estaban los otros pastores, que no le prestaron atención. Ni
levantaron los ojos de lo que hacían; siguieron jugando o
durmiendo o contándose historias. Y el muchacho pasó entre
60 ellos, corriendo a toda prisa, y no paró hasta treparse a un
árbol enorme . . .
    —¿Y el lobo?—pregunté.
    —El lobo perseguía al pastor. Y, naturalmente, los lobos no
trepan a los árboles; de manera que cuando pasaron por el
65 lugar donde estaban los demás muchachos, el lobo se olvidó
de él por completo y atacó a sus compañeros y a sus corderos.
    Lucía terminó su historia con cara de felicidad. Yo la miré
con un poquito de horror.
    —¿Moraleja?—pregunté.
70 Mis padres no decían nada. Ya llegaba, por las ventanas
abiertas, el olor del mar.
    —Que los mentirosos son tan engañosos—dijo Lucía, ya
muy contenta—, que a veces dicen la verdad.

¿DE QUÉ SE TRATA?

1. ¿Cuál de las dos versiones del cuento te parece mejor? ¿Por qué?
2. La moraleja de la primera versión del cuento es: la gente no debe
   decir mentiras. ¿Conoces otros cuentos con la misma moraleja?

¿QUÉ QUIERE DECIR?

el pastor	shepherd	interrumpirlo	to interrupt him
el lobo	wolf		
desde que	since	la moraleja	moral
se escondía	he would hide	más bien	rather
lo mismo	the same thing	me da lástima	I feel sorry for
respirar	to breathe	aunque no fuera cierto	although it wasn't true
gruñía	growled		
el pulmón	lung	treparse a	*here:* he climbed
engañaba	he was deceiving	perseguía	chased
		de manera que	so that

10

El vendedor de GLOBOS

por Eduardo Robles Boza (Tío Patota)

¿Te gustaban los globos cuando eras niño(a)? ¿Por qué?

El pueblo de Tapatán es un pueblo pequeño porque tiene pocos habitantes. La mayoría trabaja en la tierra y unos pocos son comerciantes que venden alimentos y ropa a los campesinos. Los niños y los jóvenes estudian en la escuelita del maestro Gabriel
5 y, en el tiempo que les queda libre, ayudan a sus papás en el campo. También trabajan.

Están ocupados de lunes a sábado, porque en el pueblo hay muchas cosas que hacer. Pero cuando llega el domingo, los chicos y los adultos se olvidan del trabajo y los estudios y saben
10 divertirse. ¡Es la gente más alegre que uno pueda imaginarse! La plaza del pueblo es, como en todos los pueblos pequeños, el lugar de reunión preferido de sus habitantes. Y es que alrededor de esa plaza está la tienda de don Gaspar, el lugar donde vende periódicos y revistas, la oficina de correos, donde se compran
15 timbres para las cartas y, por supuesto, la casa del gobierno y la iglesia. Como verán, hay de todo.

Ese día, los muchachos inventan juegos, competencias deportivas y bailes muy divertidos. La orquesta del pueblo sabe tocar bonitas canciones y cada domingo se luce con el tambor, el
20 trombón y la trompeta, que hacen mucho ruido en las fiestas.

Pero lo que más les gusta a los niños y a los jóvenes son los globos, esas pelotas redondas que don Nacho, el globero, vende cada domingo en la plaza del pueblo. Amarrados a un cordón para no escaparse ni volar al cielo, don Nacho los va ofreciendo
25 a chicos y a adultos:

—¡Globos, globos, de todos los tamaños y todos los colores! ¡Lleve uno o lleve dos!

Y de repente los muchachos corren hasta donde se encuentra el globero para escoger el mejor. Algunos globos son rojos, otros verdes o amarillos, pero también los hay de muchos colores, que son los que más lucen.

—¡Yo quiero un verde!

—¡Y yo el azul!

—¡Yo prefiero de todos los colores, don Nacho!

Y el buen hombre no sabe a quién escuchar primero. . . . En pocos minutos, los globos de don Nacho ya están repartidos y los muchachos salen corriendo con su globo amarrado al dedo. En realidad es un espectáculo emocionante ver a los jóvenes reír y a los globos volar. La plaza del pueblo se llena de risas y colores y todos parecen estar felices.

Lo que pocas personas saben es que en Tapatán, el domingo por la tarde, los muchachos dejan volar a los globos, desamarran el cordón y se van como pájaros. Es emocionante ver las caras de los muchachos cuando miran el cielo mientras los globos vuelan cada vez más alto, hasta perderse. Cuando todo el cielo está pintado de colores, los chicos y los adultos aplauden para celebrar tan hermoso espectáculo. Esto ocurre cada domingo, desde hace muchos años . . .

El único que se queda callado es don Nacho, que mira cómo se van sus globos volando. En una ocasión, una niña curiosa, al ver que el globero se quedaba pensando, le preguntó:

—¿Está triste, don Nacho? ¿En qué piensa?

—En muchas cosas, muchacha . . .

—¿Ya vio cómo se van los globos?

—Sí, y también se me van mis años . . .

Para el vendedor de globos, cada domingo que pasaba le hacía sentirse más viejo y es que ya tenía muchos años. Por eso, cuando veía volar a los globos, sentía que también volaba su vida. En una ocasión, don Nacho le dijo al maestro Gabriel:

—¿Sabe una cosa, maestro?

—¿Qué cosa, don Nacho?

—Que algún día no muy lejano, con el último globo que vuele yo también me iré con ellos volando . . .

El maestro Gabriel quiso saber más de sus pensamientos y le preguntó otra vez:

—¿Y adónde se irá, don Nacho?

—Al cielo, adonde están ellos, maestro . . . al cielo.

Y así pasó el tiempo y con el tiempo los años, pero don Nacho no dejaba de vender sus globos ni los muchachos se olvidaban de comprarlos. Uno de esos domingos se encontraba el globero repartiendo sus globos, cuando de repente descubrió que sólo le quedaba uno por vender y era de color blanco. Llegó una muchacha y le preguntó:

—¿Ya no le queda ningún rojo, don Nacho?

—¿No te gusta el blanco? Es el último que me queda.

—Es que los rojos vuelan más alto.

—Ni te fijes en eso, muchacha. El color no es lo que los hace volar. Es lo que llevan adentro. ¡Toma, te lo regalo!

La muchacha, emocionada, lo tomó y antes de salir corriendo con su regalo, le dio un beso a don Nacho.

El globero terminó su venta, pero esa tarde, más que ninguna otra, se sentía realmente cansado, muy cansado. Lejos del resto de la gente, dejó que los muchachos lanzaran sus globos al aire. Escuchó las risas y los aplausos:

—¡Bravo, bravo!

Y esperó la noche y el silencio de la plaza vacía. Entonces, como lo prometió, se quitó el sombrero, que nunca antes abandonaba, miró el cielo . . . y voló.

¿DE QUÉ SE TRATA?

1. ¿Qué representan los globos de don Nacho para los niños? ¿Y qué significado tienen los globos para don Nacho?

2. ¿Por qué crees que el último globo de don Nacho es blanco? ¿Y por qué se lo regaló a la niña?

¿QUÉ QUIERE DECIR?

el comerciante	merchant	**el tamaño**	size
el timbre = el sello		**repartidos**	handed out
el gobierno	government	**desamarran**	they untie
la competencia	contest	**callado**	quiet
se luce	(it) shows off	**lejano**	far off
el globero	balloon man	**el pensamiento**	thought
amarrados	tied	**lanzaran**	launch; let go
el cordón	string		

El parque

por Elizabeth Millán

¿Tienes un parque favorito? ¿Dónde está y por qué es tu
favorito?

Ayer Manolito jugó en este parque.
Allí es el árbol que trepó,
aquí es donde se cayó
de su bicicleta.
5   Y el campo de fútbol de él y sus amigos
ya es un feo estacionamiento.

Ayer vino también Manolo
con su primera novia
y juntos, cerca del estanque,
10 prometieron quererse para siempre.
Otras novias vinieron,
pero no se quedó ni una,
y sólo las sombras de las promesas
    han persistido.

15 Hace poco que Manuel,
con otros universitarios,
se quedaban hasta todas horas
hablando entre los álamos.
Hablaron de su presente, de su futuro,
20 de la política y del mundo
(y de las novias y de los toros).

Don Manuel llegó después,
ya tan serio con su cartera,
de lunes a viernes
25 en camino a la oficina.

Los domingos
con su mujer y sus tres hijos,
después de ir a misa,
y antes de tomar la paella dominical
en Casa Paco.

Y hoy sólo este anciano
siempre pasa y siempre para.
Busca el árbol que trepó,
el estanque que antes lo escuchó,
los álamos que fueron sus testigos
y el camino de su mujer y de sus hijos.
Y con ojos empañados
cree verlos en sus recuerdos.
Y se va lentamente,
apoyado sobre su bastón,
acompañado como siempre por su
solitaria vejez.

¿DE QUÉ SE TRATA?

1. ¿Dónde crees que está este parque?
2. El poema habla primero de Manolito y después de Manolo, Manuel, don Manuel y un anciano. ¿Qué nos dice esto de cómo está organizado el poema?
3. ¿Cómo te imaginas que va a ser tu vida cuando seas viejo(a)?

¿QUÉ QUIERE DECIR?

trepó	he climbed	**la cartera**	*here:* briefcase
el campo de fútbol	soccer field	**la misa**	mass
		dominical = del domingo	
el estanque	pond	**el testigo**	witness
quererse	to love each other	**empañados**	misty
la sombra	shadow	**el recuerdo**	*here:* memory
la promesa	promise	**apoyado**	leaning
han persistido	have lingered	**el bastón**	cane
el álamo	poplar tree	**la vejez**	old age

15

LOS CUATRO GATOS

por Eduardo Robles Boza (Tío Patota)

¿Cómo crees que debes tratar a alguien que se porta mal?

¡Qué horror! ¡Qué feo maullaban los gatos en el barrio! Los
vecinos protestaban cada noche porque esos animales no los
dejaban dormir:
  —¿No saben lo mal que cantan?
5 —¡Se equivocaron de profesión! ¡Qué malos son!
  Aun así, los gatos insistían, volvían a intentarlo:
  —¡Miauuu . . . miauuu!
  —¡Miau-miau-miau-miauuuu!
  Tenían razón los vecinos al quejarse, porque lo que salía de
10 las gargantas de estos gatos no eran sonidos sino ruidos.
Además, cada uno maullaba por su lado, sin orden . . .
  La policía no podía encontrarlos porque vivían en sótanos
abandonados y oscuros y sólo aparecían por las noches. Pero
allí estaban . . . cada noche, en el mismo barrio, con la misma
15 canción. ¡Muy mal!
  Eran cuatro gatos negros y blancos que se conocieron una
tarde cuando se escapaban de un grupo de perros. En los
momentos difíciles se hacen las amistades. Desde entonces se
unieron y decidieron compartir, como buenos vecinos, la
20 comida en los basureros. Los cuatro se parecían en el color,
en los largos bigotes que tenían y en lo mal que cantaban:
  —¡Miauuu . . . miauuu!
  —¡Miau-miau-miau-miauuuu!
  Siempre repetían la misma canción, porque, seguramente,
25 no sabían otra, y les hacían la vida imposible a los vecinos:
  —¡Callen a esos animales, que no nos dejan dormir!
  —¡Llamen a los bomberos!

Así pasaron los días y los meses, sin solución. Pero resultó que una noche, el vecino que más gritaba por no poder dormir, miró por la ventana de su apartamento y vio, a lo lejos, el sótano en el que se escondían, porque uno de los gatos entraba en esos momentos a él:

—¡Los vi, los vi . . . allá enfrente están!

Todos los vecinos lo oyeron y en pocos minutos, estaban en la calle más de 200 personas. Los señores llevaban palos y las señoras escobas, mientras los niños que todavía estaban despiertos, acompañaban a sus padres aplaudiéndolos.

—¡Por aquí, señores, síganme!

Cruzaron la calle y cuando llegaron al lugar, todos gritaron:

—¡Mueran los gatos!

El susto que les dieron a los pobres animales fue tan grande, que salieron del sótano . . . ¡como relámpagos!

—¡Miauuu . . . miauuu!

—¡Miau-miau-miau-miauuuu!

Y los palos y las escobas empezaron a volar por los aires con sus dueños atrás y los gatos por delante. Los pobres animales corrieron y corrieron sin saber adónde iban, hasta que dejaron de escuchar los gritos y de recibir escobazos . . .

—Mia-u-u-u . . .

—U-u-u . . .

Los pobres ya no tenían fuerzas ni para quejarse, y al poco tiempo se quedaron dormidos. ¡Así había sido el susto!

Cuando despertaron se dieron cuenta de que estaban en el campo, entre árboles y flores, cerca de un pequeño río, donde el agua chocaba contra las piedras. Se dieron cuenta también de que el viento soplaba con fuerza y movía las hojas de los árboles. Como eran gatos de ciudad, todo lo que tenía que ver con el campo era nuevo para ellos. Uno habló:

—¿Escuchan lo mismo que yo?

—¿Qué cosa?

—El ruido que hace el agua al caer sobre las piedras . . . el sonido de las hojas cuando las toca el viento . . . cómo bailan las flores, todas al mismo tiempo . . .

Los otros tres gatos comprendieron que lo que veían y
escuchaban era armonía, o sea: música. Las piedras, el agua,
las hojas de los árboles, las flores y el viento ¡sí sabían cantar!

—Por eso no nos querían los vecinos del barrio, ¡por
desentonados!

Los cuatro gatos sabían ahora cómo cantaba la naturaleza,
porque aquellos sonidos eran muy hermosos. Fue así cómo
aprendieron lo que es melodía y ritmo y descubrieron el orden
que hay en la naturaleza. Pasaron muchas horas sin hablar,
escuchándola cantar.

Esa misma noche regresaron a su barrio, pero no se
escondieron otra vez en los sótanos. Estaban decididos a
ganarse el cariño de todos los vecinos, así que subieron a la
parte más alta de un edificio, se acomodaron en fila y cuando
eran las 12 de la medianoche, como una perfecta orquesta,
cantaron otra vez su canción:

—¡Miau, miau, miau, miauuu!

—¡Auu, auu, auu!

Desde esa noche, los cuatro gatos del barrio, en vez de
recibir piedras y escobazos, recibieron de todos los vecinos . . .
¡aplausos!

Es difícil de creer, pero ahora estos gatos arrullan a la gente
con sus canciones.

¿DE QUÉ SE TRATA?

1. El cuento dice que "En los momentos difíciles se hacen las
amistades." ¿Estás de acuerdo con esto? Explica tu respuesta.
2. ¿Te sientes más tranquilo(a) cuando estás cerca de la naturaleza?

¿QUÉ QUIERE DECIR?

maullaban	miaowed	**soplaba**	blew
Se equivocaron de profesión.	They're in the wrong profession.	**toca**	touches
por su lado	in different ways	**desentonados**	singing out of tune
aparecían	they appeared		
se hacen las amistades	friendships are formed	**la naturaleza**	nature
callen	shut (up)	**se acomodaron en fila**	lined up
se escondían	they were hiding	**arrullan**	sing to sleep
el palo	stick		
había sido	had been		

Dora

por Roberto García

¿A veces sueñas con vivir en algún momento del pasado?

Era una típica mañana de septiembre en la Ciudad de México
para la joven española Dora Sánchez. Debo, quizás, ser menos
formal, puesto que hablo de una de mis mejores amigas y
alguien a quien admiro mucho. ¿Y qué les puedo decir de ella?
5 Bueno, ella nació en la ciudad de Valencia, en España, hace
veinticinco años, y hace seis años que vino a vivir en México con
sus padres. Dora es una persona alegre, enérgica y simpática.
¡Y muy guapa! Es delgada y tiene el pelo castaño y los ojos
verdiazules. A Dora le gusta mucho divertirse, sobre todo con
10 sus mejores amigos. Frecuentemente vamos al cine—a ella le
encantan las películas europeas—al museo, a algún café de
moda, a las galerías de arte, de compras a los almacenes—Dora
es una mujer muy elegante—y, a veces, a los partidos de fútbol.
¡Qué aficionada al fútbol es! ¡Y cómo grita en los partidos! Pero
15 ésta es la Dora divertida. Hay otra Dora: la seria. Esta Dora
es la mujer que acaba de terminar sus estudios en la UNAM
(Universidad Nacional Autónoma de México). Estudió allí la
historia del arte y de la arquitectura azteca y maya. En este
momento trabaja de asistenta al conocido arqueólogo mexicano
20 Rodolfo Pérez del Castillo. El Dr. del Castillo y ella están
estudiando ahora las ruinas del Templo de Huitzilopochtli, dios
azteca del fuego y de la guerra, que se encuentran en la zona del
Zócalo, en la Ciudad de México.
 Bueno, decía que era una mañana típica para Dora, porque,
25 como siempre, ella se levantó con gran dificultad: le gusta
dormir hasta muy tarde. Pero esta mañana típica ocurrió algo
que no era típico. Dora, antes de llegar al trabajo, estacionó su
coche enfrente de una cafetería para comprar café. Al volver a
su coche y en el momento en que subía a él, otro coche pasó

30   muy rápido por su lado y chocó con ella. Dora se cayó, se golpeó
la cabeza contra el pavimento y perdió el conocimiento. El
dueño de la cafetería vio el accidente y en seguida llamó a una
ambulancia para llevar a Dora al Hospital de San Pedro.

    Los días en el hospital fueron muy difíciles para Dora. A causa
35   del golpe en la cabeza, por varios días decía cosas que no tenían
mucho sentido. A veces se despertaba gritando "No, no, los
brazos no." O "Coatlicue, Coatlicue." También a veces decía
"Mis piernas, mis piernas." Y cuando decía todo esto, abría los
ojos con mucho miedo.

40   ¡Pobre Dora! Estuvo en el hospital dos semanas y un mes en
casa de sus padres descansando. No quería ver a nadie durante
este tiempo. Ni siquiera a mí.

    Un día cuando Dora se sentía ya mejor, ella nos contó por qué
gritaba esas cosas en el hospital. Unos días antes del accidente, el
45   Dr. del Castillo y ella encontraron una gran piedra redonda con
tallados al pie de las ruinas del Templo de Huitzilopochtli. No
sabiendo qué era, Dora fue a la biblioteca y encontró un libro de
leyendas aztecas. Resultó que los tallados eran de Coyolxauhqui,
hija de Coatlicue y hermana de Huitzilopochtli. Según la leyenda
50   azteca, un día Coatlicue (diosa de la Luna) se puso una pelota
de plumas sobre su estómago porque quería tener otro hijo. Un
poco más tarde, ella vio que estaba encinta. Pero algunos de sus
hijos, entre ellos Coyolxauhqui, no estaban contentos con el
nuevo estado de su madre, y decidieron cortarle la cabeza. Pero
55   cuando hicieron esto, del cuerpo de Coatlicue saltó su hijo
Huitzilopochtli, ya un hombre. Se peleó con sus hermanos y los
derrotó.

Para castigar a su hermana Coyolxauhqui, Huitzilopochtli le cortó los brazos y las piernas a ella. El cuerpo mutilado de Coyolxauhqui rodó por las escaleras del templo hasta llegar al pie de éste. Por eso, según Dora, los aztecas pusieron esta piedra al pie del Templo de Huitzilopochtli para representar la conquista del dios fuerte, Huitzilopochtli, sobre la diosa débil, Coyolxauhqui, su hermana.

Y así termina la historia de Dora, la española que vino a México y encontró entre sus ruinas antiguas una gran leyenda del pasado. Ah, sí, ¿quién soy yo? Bueno, me llamo Rodolfo Pérez del Castillo, soy arqueólogo y esposo de nuestra querida Dora.

¿DE QUÉ SE TRATA?

1. Este cuento nos explica que dos dioses aztecas importantes eran Coatlicue, diosa de la Luna, y Huitzilopochtli, dios del fuego y de la guerra. ¿Qué nos dice esto de la cultura azteca?

2. El narrador dice que hay dos Doras: la alegre y la seria. ¿Crees que mucha gente tiene estas dos características a la misma vez? ¿Las tienes tú?

3. ¿Te gustaría a ti estudiar arqueología? Explica por qué.

¿QUÉ QUIERE DECIR?

puesto que	since	el tallado	carving
se golpeó	struck	la leyenda	legend
el conocimiento	consciousness	la pluma	feather
el golpe	blow	encinta	pregnant
no tenían	didn't make	saltó	jumped
mucho sentido	much sense	derrotó	he defeated
ni siquiera	not even	rodó	rolled
redonda	round		

8

Sonetos de amor

de Pablo Neruda

Se dice que el amor vence (*conquers*) todo. ¿Estás de acuerdo
con esto? ¿Por qué sí o por qué no?

XXV

Antes de amarte, amor, nada era mío:
vacilé por las calles y las cosas:
nada contaba ni tenía nombre:
el mundo era del aire que esperaba.

5   Yo conocí salones cenicientos,
túneles habitados por la luna,
hangares crueles que se despedían,
preguntas que insistían en la arena.

Todo estaba vacío, muerto y mudo,
10   caído, abandonado y decaído,
todo era inalienablemente ajeno,

todo era de los otros y de nadie,
hasta que tu belleza y tu pobreza
llenaron el otoño de regalos.

XLV

No estés lejos de mí un solo día, porque cómo,
porque, no sé decirlo, es largo el día,
y te estaré esperando como en las estaciones
cuando en alguna parte se durmieron los trenes.

5   No te vayas por una hora porque entonces
en esa hora se juntan las gotas del desvelo
y tal vez todo el humo que anda buscando casa
venga a matar aún mi corazón perdido.

Ay que no se quebrante tu silueta en la arena,
10 ay que no vuelen tus párpados en la ausencia:
no te vayas por un minuto, bienamada,

porque en ese minuto te habrás ido tan lejos
que yo cruzaré toda la tierra preguntando
si volverás o si me dejarás muriendo.

LXXXIX

Cuando yo muero quiero tus manos en mis ojos:
quiero la luz y el trigo de tus manos amadas
pasar una vez más sobre mí su frescura:
sentir la suavidad que cambió mi destino.

5   Quiero que vivas mientras yo, dormido, te espero,
quiero que tus oídos sigan oyendo el viento,
que huelas el aroma del mar que amamos juntos
y que sigas pisando la arena que pisamos.

Quiero que lo que amo siga vivo
10 y a ti te amé y canté sobre todas las cosas,
por eso sigue tú floreciendo, florida,

para que alcances todo lo que mi amor te ordena,
para que se pasee mi sombra por tu pelo,
para que así conozcan la razón de mi canto.

XCIV

Si muero sobrevíveme con tanta fuerza pura
que despiertes la furia del pálido y del frío,
de sur a sur levanta tus ojos indelebles,
de sol a sol que suene tu boca de guitarra.

5 No quiero que vacilen tu risa ni tus pasos,
no quiero que se muera mi herencia de alegría,
no llames a mi pecho, estoy ausente.
Vive en mi ausencia como en una casa.

Es una casa tan grande la ausencia
10 que pasarás en ella a través de los muros
y colgarás los cuadros en el aire.

Es una casa tan transparente la ausencia
que yo sin vida te veré vivir
y si sufres, mi amor, me moriré otra vez.

¿DE QUÉ SE TRATA?

1. En el primer soneto, ¿cómo era la vida del poeta antes de conocer a su bienamada?
2. En el segundo soneto, ¿cómo se va a sentir el poeta si su bienamada no está cerca de él?
3. En el tercer soneto, el poeta se imagina que va a morir antes de su bienamada. ¿Cómo describe la muerte (*death*) que quiere? ¿Cómo imagina él que va a ser la vida de su bienamada después? ¿Tendrán contacto ellos?
4. En el último soneto, el poeta describe cómo quiere que su bienamada siga viviendo después de su muerte. ¿Cómo te sientes tú cuando te vas y dejas a alguien que amas? ¿Son diferentes tus sentimientos cuando se va esa persona y te deja a ti? ¿Por qué?
5. ¿Ves tú alguna relación entre estos sonetos y las canciones populares de amor? ¿Cuál es? ¿Crees que hay que estar enamorado(a) para escribir así?

¿QUÉ QUIERE DECIR?

XXV

amarte	loving you
vacilé	I stumbled
cenicientos	full of ashes
habitados	inhabited
insistían	*here:* persisted
mudo	mute
decaído	decayed
ajeno	detached

XLV

te estaré esperando	I will be waiting for you
se juntan las gotas del desvelo	the drops of anguish gather
aún = todavía	
se quebrante = se rompa	
el párpado	eyelid
te habrás ido	you will have gone

LXXXIX

el trigo	wheat
huelas	you smell
amamos	we loved
pisando	stepping on
floreciendo	blooming
florida	*here:* in full bloom
alcances = obtengas	
la sombra	shadow
la razón	reason

XCIV

indelebles	indelible, permanent
suene	sound
vacilen	*here:* falter
el paso	step
la herencia	legacy
a través de los muros	through the walls

9

ROBERTO y sus problemas de adaptación

por Roberto García

¿Cuáles son algunos problemas que esperas tener cuando
visites otro país donde hablan otro idioma y tienen otro tipo
de cultura?

Hay muchas personas que se adaptan fácilmente a la vida de
un nuevo país. Pero la inmigración puede, a veces, causar
ciertos trastornos emocionales a las personas que deciden
hacerlo. Un idioma y unas costumbres diferentes; unas leyes
que no entienden ni conocen; gente que es, en algunos casos,
físicamente muy diferente de ellos: todos estos cambios
pueden causar problemas para los inmigrantes y hacer que
su adaptación a este país sea lenta y un poco difícil.

Roberto era una de las personas que encontró muy difícil la
adaptación a una nueva cultura. Es cubano y vino a Chicago
cuando tenía trece años.

Recuerdo el día que Roberto llegó a clase por primera
vez. Creo que fue en abril, sí, en los primeros días de abril.
Estábamos en octavo grado. Roberto parecía tener mucho
miedo. ¡Pobre chico! No podía hablar ni siquiera una palabra
de inglés. Y yo era la única persona en la clase que hablaba
español también. Después de una de las clases ese día, yo se
lo dije y eso fue un alivio para Roberto. Pero los siguientes tres
meses—abril, mayo y junio—fueron muy difíciles para él.

Recuerdo que algo muy divertido—para mí, no para él
quizás—le pasó a Roberto en la escuela durante estos tres
meses. Cada viernes por la tarde, los chicos tenían que llevar
pantalones negros, camisa blanca y una corbata negra para
asistir a las clases de baile. Nos reuníamos en el gimnasio de
la escuela por una o dos horas. ¡Era muy divertido! Pero esta
diversión era para Roberto una tortura, puesto que él no

entendía lo que decía la maestra. Ella nos enseñaba pasos
diferentes, pero Roberto sólo los podía hacer mirando a los
otros chicos. Y cuando bailaba con las chicas, sólo podía
30 sonreír, porque no podía decirles nada. Yo me reía mucho de
esto y él se enojaba conmigo.

Un viernes le pasó algo que él no esperaba. Cada viernes, al
terminar la clase, le regalaban un disco a la mejor pareja de
la tarde. ¡Y un viernes Roberto y la chica con quien bailaba
35 ganaron el disco! Él estaba muy confuso, puesto que no sabía
cómo lo ganó. ¡Él no sabía bailar! Pero los otros chicos le
sonreían y le decían que bailaba muy bien. Él sonreía también.

En junio, yo me gradué, pero Roberto no. Yo empecé en la
escuela secundaria en septiembre y Roberto volvió al octavo
40 grado en una escuela diferente. No lo vi más por muchos años,
hasta hace un año que lo vi otra vez. Yo montaba en bicicleta
cerca de la playa y él leía el periódico cerca del agua. Lo llamé
y él me reconoció en seguida. Fuimos a un café que estaba
cerca y él me habló sobre sus experiencias en este país.

45 —José Miguel—me dijo Roberto—, todos estos años fueron
muy difíciles para mí. Cuando volví al octavo grado, conocí a
otros estudiantes que también hablaban español y esto fue
un gran alivio. Pero, a la vez, agrandó mis problemas con el
idioma: yo prefería hablar español con ellos y no inglés con los
50 chicos norteamericanos. Además, yo no quería aprender inglés
porque no me gustaba y no lo hablaba bien.

—Pero eso es natural, Roberto—le dije yo—. Nadie habla bien una segunda lengua en seguida. Toma mucho tiempo, ¿o no lo sabías?

55 —Sí, creo que lo sabía, no sé. Pero es que tenía sólo catorce o quince años. Era muy joven para analizar mi situación entonces. No tenía amigos con quienes conversar sobre esto porque no quería hablar inglés con nadie y no conocía a chicos hispanos fuera de la escuela. Recuerdo que para no estar
60 aburrido, un día compré un diccionario inglés-español y una novela en inglés y comencé la larga tarea de enseñarme a mí mismo cómo leer el inglés.

—Pero es lógico, Roberto. Si no tienes amigos con quienes jugar, ir al cine o hablar, miras los libros como tus únicos amigos.
65 —Sí, por eso es que me gusta mucho leer hoy. La lectura me ayudó a pasar mejor esos años tan difíciles.

—Dime, Roberto, ¿te gustó la escuela secundaria?

—Sí y no. No me gustó porque todavía tenía problemas con el idioma. Entonces mis nuevos amigos eran hispanos, fuera
70 y dentro de la escuela, y por eso no pude aprender bien el inglés. Sólo me gustaban las clases de matemáticas porque el idioma de los números es universal.

—Pero te graduaste de la escuela secundaria, ¿no?

—Sí, sí, José Miguel. Y asistí a la universidad por casi seis
75 años. ¡Tardé mucho tiempo en hacerlo! Allí por primera vez hice un esfuerzo para aprender inglés. Tomé clases muy interesantes, sobre todo de literatura porque así podía leer mucho. Creo que por los problemas que tuve con el inglés y con adaptarme a la cultura de este país, decidí enseñar por unos años.
80 —¿Ah, sí? ¿Y dónde enseñaste, Roberto?

—En la universidad. Yo enseñaba español a los estudiantes de primer y segundo año. Fue muy interesante y divertido también, porque ellos tenían los mismos problemas que yo tuve cuando llegué aquí. Algunas de las costumbres de los
85 países de habla española les parecían muy raras al principio. Entonces yo les explicaba que cuanto más estudiamos un país y su cultura más comprendemos a su gente y, por fin, vemos que sus costumbres no son tan raras en el contexto de esa cultura.
90 —¿Y qué decían ellos?

—Bueno, no me creían en seguida, pero después algunos se daban cuenta de que era cierto. . . . Otro problema en clase era que no les gustaba hablar. Decían que no sabían hablar y tenían miedo de equivocarse. Entonces yo les contaba mi experiencia con el inglés. Les decía que tuve que ser valiente y hacer un esfuerzo para hablar, porque si no, nunca iba a dominar el idioma. Y yo tenía mucho miedo y todavía a veces me equivoco.

—¿Y tuviste éxito?

—Creo que sí. Fue difícil al principio, pero más tarde ellos se dieron cuenta de que si no hablaban en clase no iban a poder hablar nunca. Nos divertíamos mucho a veces con sus errores, pero después de un tiempo, hablaban muy bien. Estoy muy orgulloso de ellos.

—Sabes, Roberto, me alegro mucho de que estés contento con tu trabajo en la universidad.

—Gracias. Pero ya no trabajo en la universidad. Ahora estudio otras lenguas porque un día quiero ser miembro del cuerpo diplomático de este país y trabajar en el extranjero. Me gusta el contacto con otras culturas.

Y con esto, Roberto terminó su historia. Antes de irse, me abrazó y me dijo que iba a escribirme pronto. Me sentí muy feliz de ver a Roberto y saber que, aunque con dificultad, pudo salvar los obstáculos que la inmigración le puso en su camino.

¿DE QUÉ SE TRATA?

1. ¿Crees que el caso de Roberto es especial? ¿Por qué?
2. ¿Conoces a alguien que se pudo adaptar fácilmente a otra cultura? ¿Qué hizo él o ella para adaptarse?

¿QUÉ QUIERE DECIR?

el trastorno	upset	la tarea	*here:* chore, task
la ley	law	a mí mismo	myself
ni siquiera	not even	la lectura	reading
puesto que	since	de habla	Spanish-
el paso	step	española	speaking
la pareja	couple	cuanto más . . .	the more . . .
confuso	confused	más	the more
a la vez	at the same time	en el extranjero	abroad
		salvar	to overcome
agrandó	it increased		

Cómo el cóndor se quedó sin plumas en la cabeza

por Santiago Mendoza

¿Por qué crees que los protagonistas de muchas leyendas son aves *(birds)*?

Hace muchos, muchos años, Pachacámac, el dios Sol, era el que tenía
más poder de todos los dioses en la región que hoy es Bolivia. Un
día, las aves se quejaron a Pachacámac de que no había ningún rey de
las aves, y le dijeron que querían tener un rey. Pachacámac les dijo
5 que el rey tenía que ser un ave muy especial. Pero todas las aves
creían que eran muy especiales, y comenzaron a discutir entre ellas y
a gritar—: ¡Yo seré un buen rey, yo seré un buen rey!

    Finalmente, Pachacámac dijo—: ¡No griten más! Será rey el que
pueda volar más cerca de la Casa del Sol, donde yo vivo—. Algunas
10 aves protestaron—: ¡Será imposible! ¡No podremos volar tan alto!—
Otras dijeron—: ¡El calor será insoportable cerca de la Casa del Sol!—
Pero finalmente tuvieron que aceptar. No podían decirle "no" a
Pachacámac.

    Una mañana, muy temprano, las aves comenzaron a volar juntas
15 para ver quién llegaba más cerca de la Casa del Sol. Había tantas aves
que la luz del sol no se veía y parecía de noche. Pero pronto las más
débiles se quedaron atrás. Muchas aves se cansaron y tuvieron que
volver a sus casas. Otras, muy cansadas, trataron de volar un poco
más pero, sin fuerzas, cayeron a la tierra. Finalmente, sólo las tres
20 aves más fuertes continuaron volando: el halcón, el águila y el
cóndor. En esa época, el cóndor no era como los cóndores de hoy,
porque tenía la cabeza llena de hermosas plumas.

    Los otros animales miraban la emocionante carrera. Pero pronto
los tres campeones estaban tan alto que nadie podía verlos desde la
25 tierra. Arriba, arriba, arriba, iban los tres por el cielo azul. A los tres
les dolía terriblemente todo el cuerpo debido al esfuerzo. ¡Y el calor!
El cielo parecía un horno. El halcón fue el primero en cansarse, y
cayó a la tierra. El águila y el cóndor continuaron volando. Volaban

juntos, y a veces el águila miraba al cóndor, a veces el cóndor miraba al águila. Finalmente, el águila no pudo volar más, y cayó a la tierra.

El cóndor sintió mucho orgullo. ¡Era el ganador! Pero eso no le pareció suficiente, y decidió que podía acercarse mucho más a la Casa del Sol. Más y más alto voló el magnífico cóndor, a pesar del dolor y del cansancio. El calor era terrible, y todas las plumas de la cabeza y del cuello del cóndor se quemaron. Desde entonces, los cóndores no tienen plumas ni en la cabeza ni en el cuello.

Dicen que finalmente el cóndor llegó a la Casa del Sol, y que dentro de ese hermoso lugar el calor se convirtió en un viento fresco y suave. Cuentan que lo recibió el dios Pachacámac, quien le dijo—: Eres el más fuerte y el más valiente de todas las aves.

¿DE QUÉ SE TRATA?

1. ¿Por qué las aves no le podían decir "no" a Pachacámac?
2. ¿Qué cualidades representa el cóndor en esta leyenda?
3. ¿Crees que el concepto de sacrificar algo para cumplir un objetivo todavía se aplica hoy?

¿QUÉ QUIERE DECIR?

la pluma	feather	el águila	eagle
no podremos	we won't be able to	la tierra	ground
		arriba	up
alto	high	acercarse	go much
se quedaron atrás	fell behind	mucho más	nearer
		a pesar del	in spite of
el halcón	hawk	el cansancio	exhaustion

El valor de
las opiniones

por don Juan Manuel

Cuando vas a tomar *(to make)* una decisión difícil, ¿por lo
general pides opiniones? ¿Pides una o varias?

El conde Lucanor tenía como consejero a un hombre sabio y
prudente que se llamaba Patronio. Éste era conocido por su
buen sentido para juzgar a los hombres y para tomar decisiones
juiciosas. Era su costumbre no contestar directamente sino
5 después de contar una anécdota. En una ocasión le dijo el conde:
—Patronio: estoy preocupado porque voy a hacer algo muy
particular y, como no pienso seguir la opinión de otros, sé que
hablarán mal de mí. Sé, además, que si no hago nada, también
me juzgarán mal, con o sin razón para hacerlo.
10 En seguida, le contó lo que iba a hacer, pidiéndole una opinión.
—Señor conde—dijo Patronio—, sé que hay muchos que
podrían darle mejores consejos que yo. También sé que su merced
tiene clara inteligencia. Me inclino a pensar que mis palabras no
van a tener ningún efecto. Pero, como su merced me ha pedido
15 una opinión, le diré qué haría yo, estando en una situación como
la suya.
—Te lo agradeceré mucho. Habla con toda libertad.
—Pues, señor, había una vez un buen hombre que tenía un hijo
de mucha inteligencia, pero, cada vez que el padre decidía hacer
20 algo, el muchacho le presentaba razones para hacer lo contrario.
«Padre, ¿ha pensado Ud. que todo tiene dos lados?» «Sí, hijo mío,
pero lo importante es decidir qué es más conveniente».
Es cosa bien sabida—continuó Patronio—que los jóvenes
tienen gran percepción para ciertas cosas, pero también cometen

Adapted from *El conde Lucanor* by don Juan Manuel.

25 grandes errores porque ven claramente el comienzo y no la
terminación de lo que proponen.

—Y ¿qué ocurrió?

—Pues, señor, ese hijo hablaba de cómo se debían hacer muchas
cosas, pero, cuando era necesario hacerlas, nunca lo hacía bien. Y
30 con esto creaba a su padre muchos problemas, pues no le dejaba
hacer lo que era necesario para el bien de todos.

—Así ocurre muchas veces.

—Como el padre tenía que vivir oyendo las opiniones de su
hijo, decidió darle una lección, no para castigarlo, sino para
35 obligarlo a pensar seriamente.

El buen hombre y su hijo eran labradores—continuó
Patronio—, y vivían cerca de una aldea. Un día, necesitando
comprar algunas cosas en el mercado, decidieron ir con una
mula para traer, en el viaje de vuelta, lo que iban a comprar.
40 Salieron de casa y caminaron alegremente, sin poner ninguna
carga sobre el animal. Muy pronto vieron a varios hombres que
venían en dirección opuesta. Se detuvieron un momento para
charlar con ellos. Hablando del animal, dijo uno de los hombres:
«No entiendo por qué va este muchacho a pie teniendo Uds. una
45 mula que nada lleva encima».

Cuando los hombres ya no estaban presentes, le pidió el padre
una opinión a su hijo y éste contestó que tenían razón. Entonces
dijo el padre: «Puedes ir en la mula: así vas a descansar».

Poco después vino otro grupo de caminantes y uno dijo: «No
50 entiendo por qué va el viejo a pie y el muchacho montado en el
animal: un joven siempre sufre menos, precisamente porque es
joven, ¿verdad?»

Poco después preguntó el padre: «¿Qué piensas tú ahora?» El
muchacho contestó inmediatamente: «Tienen razón». Bajó del
55 animal, y el padre ocupó su lugar.

Poco más tarde, encontraron un tercer grupo de vecinos, y varios dijeron que no era justo obligar a un muchacho a caminar, no siendo todavía muy fuerte. Cuando estuvieron solos, preguntó el padre:

60 «Y ¿qué dices tú ahora?» «Digo que tienen razón». Decidieron entonces subir los dos sobre el animal para evitar nuevos comentarios.

Viajaban en esta forma, cuando un campesino se detuvo para preguntarles: «¿Cómo pueden Uds.

65 poner tanto peso sobre un pobre animal tan flaco y tan pequeño? Es seguro que lo van a matar».

El muchacho dijo que ambos hacían mal y comenzaron otra vez a viajar a pie. «¿Ves?» dijo el padre, «primero diste una opinión, después otra,

70 y después, otra, sin pensar antes de hablar. Ahora quiero oír tu opinión una vez más». El hijo no sabía qué contestar. «Hijo mío: en este mundo casi nunca es posible dar opiniones y agradar a todo el mundo. Lo que es bueno para unos, es malo para

75 otros. Por esta razón, siempre debemos hacer lo que uno cree mejor, pero sin hacer mal a nadie. Hay muchos que dan opiniones sólo para expresar su voluntad, sin pensar en las personas a quienes dan consejos. Entre ésos estás tú».

80 —Ahora bien, señor conde, su merced me pregunta qué debe hacer para que otros no hablen mal. Mi consejo es éste: antes de hacer nada, debe pensar en el bien y el mal que puede resultar de lo que va a hacer. Lo importante es usar la razón.

85 Su merced debe escuchar a otros sólo cuando los que dan una opinión son personas leales y de mucho conocimiento.

—Te agradezco tu consejo, buen Patronio. Así lo haré.

90 —Pero, si no encuentra su merced a tales consejeros, debe esperar un día y una noche. Y, si halla que lo que piensa hacer es para su bien, y no

para el mal de otros, su merced debe hacerlo, sin pensar en la opinión de los demás.

El conde Lucanor comprendió que había recibido muy buen consejo y, para no olvidarlo, escribió estos versos:

*Sigue la opinión de otros, si no es
     para tu mal;
piensa en lo que es bueno,
     siendo siempre prudencial.*

¿DE QUÉ SE TRATA?

1. ¿Por qué relató el consejero una anécdota al conde?
2. ¿Crees que el consejo que recibió el conde es bueno? ¿Por qué?
3. Cuando tú tomas una decisión, ¿esperas un tiempo antes de cumplirla? ¿Por qué sí o por qué no?

¿QUÉ QUIERE DECIR?

el conde	count	**la aldea**	village
sabio	wise	**la mula**	mule
juzgar	to judge	**la carga**	cargo, burden
juiciosas	judicious, wise	**se detuvieron**	they stopped
podrían	would be able	**charlar** = hablar	
su merced	your Grace	**encima**	on top
me inclino	I am inclined	**justo**	fair, just
haría	would do	**ambos** = los dos	
contrario	opposite	**agradar**	to please
el lado	side	**la voluntad**	will
proponen	they propose	**leales**	loyal
obligarlo	to make him	**había recibido**	had received
el labrador	laborer		

Una carta a Dios

por Gregorio López y Fuentes

¿Qué haces cuando ocurre algo malo e inesperado *(unexpected)*?

La casa está en lo alto de una colina. Desde allí se ven el río y, junto al corral, el campo de maíz maduro. El aire está fresco y dulce. Pero de pronto comienza a soplar un fuerte viento y, con la lluvia, comienzan a caer granizos muy grandes.

5   —¡Qué malo!—exclama mortificado el hombre—.¡Ojalá que pase pronto!

No pasa pronto. Durante una hora cae el granizo sobre la casa, el maíz y todo el valle. El campo está blanco, como cubierto de sal. Los árboles están sin una hoja. El jardín, sin una flor. El
10 maíz, destruido. Y Lencho, con el alma llena de tristeza. La noche es de lamentaciones:

    —Todo nuestro trabajo, ¡perdido!

    —¡Y nadie para ayudarnos!

    —Este año pasaremos hambre. . . .

15   Pero en el corazón de todos hay una esperanza: la ayuda de Dios. Y, durante la noche, Lencho piensa en esta sola esperanza: Dios, cuyos ojos lo miran todo hasta lo que está en el fondo de las conciencias.

Lencho es un hombre rudo, pero sin embargo sabe escribir. Al
20 día siguiente, después de haberse fortificado en la idea de que hay alguien que nos protege, escribe una carta que él mismo lleva al pueblo para echarla al correo.

No es nada menos que una carta a Dios.

Aquella misma tarde, un empleado de la oficina de correos
25 llega riéndose mucho ante su jefe, y le muestra la carta que está dirigida a Dios. El jefe—gordo y amable—también empieza a reírse, pero muy pronto se pone serio.

    —¡La fe!—comenta, dando golpecitos en la mesa con la carta—. ¡Qué estupendo, creer como cree aquel hombre! ¡Esperar con la
30 confianza con que él sabe esperar!

Adaptation of "Una carta a Dios" from *Cuentos campesinos de México* by Gregorio López y Fuentes. Reprinted by permission of Ángel López y Oropeza.

Y, para no desilusionar aquel tesoro de fe, el jefe decide
contestar la carta. Pero al leerla, descubre que no va a ser
fácil. Lencho ha pedido cien pesos para poder mantener a su
familia hasta la próxima cosecha. Sin embargo, el jefe sigue con
su determinación. Y, aunque no puede reunir todo el dinero,
logra enviar un poco más de la mitad.

Al siguiente domingo, Lencho vuelve a la oficina de correos
para preguntar si hay una carta para él. El mismo empleado le
entrega el sobre mientras que el jefe, con la alegría de un hombre
que ha hecho una buena acción, mira desde su oficina.

Lencho no muestra la menor sorpresa al ver los billetes—tan
seguro está de recibirlos—pero se enfada al contar el dinero. . . .
¡Dios no puede equivocarse, ni negar lo que Lencho le ha pedido!

Inmediatamente, se acerca a la ventanilla para pedir papel y
tinta. En la mesa para el público, escribe otra carta, arrugando
la frente a causa del trabajo que le da expresar sus ideas.

Tan pronto como la carta cae al buzón, el jefe de correos corre
a abrirla. Dice:

«Dios: Del dinero que te pedí sólo llegaron a mis manos setenta
pesos. Mándame el resto, pero no me lo mandes por la oficina de
correos, porque los empleados son muy ladrones.—Lencho.»

¿DE QUÉ SE TRATA?

1. ¿Qué crees que sintió el jefe de correos cuando leyó la segunda
   carta? ¿Cómo crees que va a reaccionar?
2. Imagínate que eres el jefe de correos. ¿Cómo contestas tú la
   segunda carta?

¿QUÉ QUIERE DECIR?

el corral	*here:* barnyard	**haberse**	having
maduro	*here:* ripe	**fortificado**	strengthened
soplar	to blow		himself
el granizo	hailstone	**la fe**	faith
mortificado = triste		**el golpecito**	little tap
el alma	soul	**la cosecha**	harvest
la lamentación	mourning	**reunir**	*here:* raise
pasaremos	we will go	**logra**	he manages
hambre	hungry	**se enfada** = se enoja	
rudo	*here:* with little	**la tinta**	ink
	education	**arrugando**	wrinkling his
		la frente	forehead

Viaje a las estrellas

por Judy Veramendi

¿Alguna vez has querido viajar en el espacio y visitar otros planetas?

Me llamo Elena Ramos y soy de Rosario, Argentina. Hace poco tiempo que estoy en los Estados Unidos, porque estoy participando en un programa de intercambio de estudiantes. Vivo en Nuevo Jersey con una familia
5 norteamericana y estoy muy contenta con ella, y también con los nuevos amigos que he conocido.

En este momento, sobre todo, estoy contentísima porque acabo de ganar un concurso de ciencias de mi escuela—¡y el premio es un viaje al Centro Espacial JFK en la Florida!
10 En muchas ocasiones he visto en la televisión los viajes del transbordador espacial y fotos de Júpiter, Saturno, otros planetas y galaxias más allá de nuestro sistema solar. Cuando me gradúe del colegio quiero estudiar astronomía y luego viajar al espacio y explorar nuevos mundos y estrellas. Me
15 fascina todo lo que tiene que ver con la exploración del espacio. Por eso no puedo ni creerlo cuando por fin tengo la oportunidad de ir al Centro Espacial. Voy a ver todas esas naves espaciales gigantescas, y quizás aun puedo entrar en una de ellas. ¡Qué emocionante!
20 Llega el día del viaje. Mientras despegamos oigo el ruido del avión acelerando al máximo y empiezo a soñar despierta. Me imagino que estoy en una nave espacial moviendo los controles . . . ¡en camino al cielo!

El resto del viaje es como un sueño que pasa muy rápido,
25 hasta que llegamos al Centro Espacial. Nos dividen en grupos y un ingeniero de NASA nos muestra toda clase de vehículos y naves espaciales. Nos habla sobre la fuerza de gravedad, las trayectorias y otras cosas que me parecen aburridas. Estoy impaciente por ver las máquinas, ¡no por escuchar tanta teoría!

Luego, cuando damos la vuelta a un pasillo, pasamos cerca de una puerta abierta con un letrero que dice "PROHIBIDO ENTRAR." Estoy caminando detrás de los otros en el grupo y por eso, sin pensarlo dos veces, me quedo atrás y entro rápidamente por esa puerta.

Adentro veo un lugar enorme que está todo oscuro menos en el centro, donde las luces iluminan una nave espacial que parece ser copiada de una película de ciencia ficción. La nave es blanca y brillante, y de sus motores negros se escapan nubes pequeñas de humo o vapor. Una escalera especial sube hasta una apertura en la nave por donde se pueden ver luces pequeñas de diferentes colores cubriendo el interior. No veo ni oigo a nadie; subo a la nave espacial, entro por la apertura y me siento delante de los controles. La puerta cierra automáticamente y yo empiezo a apretar botones y mover algunos controles. Me imagino que es el año 3000 y voy a comenzar un viaje a otra galaxia.

De repente oigo un gran ruido detrás de mí y todo empieza a vibrar. La nave espacial se prepara para despegar y por una ventanilla veo que el techo del edificio está abriendo lentamente.

Oigo una voz de computadora que dice:

—Todo está listo. ¡Prepárense para despegar!

Me agarro al asiento, llena de emoción. Pero no tengo miedo, porque el sueño más grande de mi vida se está cumpliendo. Por un segundo pienso en cómo voy a volver, pero con los

ruidos y las vibraciones me olvido de eso. ¡Lo pensaré en el
viaje de regreso!

Delante de mí veo el cielo azul. Ahora hay una fuerza enorme
que me aprieta más y más contra el asiento. No puedo ni
respirar. Las nubes pasan muy rápido afuera. Es imposible
moverme la cabeza; parece hecha de piedra. Poco a poco la
presión desaparece y por la ventana puedo ver la América del
Norte y del Sur. Veo por dónde está mi país y luego la curvatura
de la Tierra. Poco después me doy cuenta de que mi cuerpo
casi no pesa—estoy flotando en el aire como una pluma. Todo
se hace oscuro, y el cielo está lleno de estrellas grandes que
relucen como antorchas. Hay miles y miles de estrellas por
todas partes. ¡Qué espectáculo! Todo es tan claro y el silencio
es tan profundo. Ahora puedo ver la Tierra entera. Se parece a
una perla azul, verde y blanca, suspendida en el espacio negro.

Aunque todo parece silencioso e inmóvil, la Tierra poco a
poco se hace más pequeña mientras que la Luna se convierte

en un enorme disco brillante que se hace más grande a cada
momento. Creo que la nave espacial está programada para ir a
75 la Luna. Podré andar y examinar tantas cosas allí, y ¡seré la
primera mujer en la Luna!
   Otra vez oigo la voz de la computadora:
   —Éste es el capitán. Dentro de unos minutos aterrizaremos
en Orlando.
80 ¿Orlando? ¡Pero Orlando está en la Florida!
   Alguien me toca el hombro mientras me dice:
   —Despiértese. Despiértese, por favor. Vamos a aterrizar
dentro de unos minutos.
   Es el auxiliar de vuelo. Levanto la cabeza y miro por la
85 ventanilla del avión. Sí, estamos volando más bajo ahora. Me
siento un poco decepcionada—¡fue todo un sueño! Pero
todavía no he llegado al Centro Espacial. Todavía me queda
una gran oportunidad. Voy a visitarlo y si puedo encontrar
una puerta abierta que dice "PROHIBIDO ENTRAR," tal vez,
90 tal vez. . . .

¿DE QUÉ SE TRATA?

1. ¿Te gustaría visitar el Centro Espacial JFK? ¿Por qué?
2. Imagínate que eres Elena. ¿Entrarías (would you enter) en la puerta
   marcada "PROHIBIDO ENTRAR"?
3. En tu opinión, ¿hay vida en otros planetas? Explica tu respuesta.

¿QUÉ QUIERE DECIR?

el transbordador espacial	space shuttle
soñar despierta	to daydream
la apertura	opening
cubriendo	covering
apretar	to push
me agarro	I grab
respirar	to breathe
la pluma	feather
relucen	shine
la antorcha	torch
profundo	deep
el disco	*here:* disk
toca	*here:* touches
decepcionada	disappointed

13

El mural

por Susan Dobinsky

¿Crees que una obra de arte puede comunicar un mensaje?

Un viernes nublado y frío de otoño en la cafetería de su escuela en Texas, cinco amigos discuten una tarea de historia.

—¡No quiero escribir un trabajo sobre "La importancia de la historia en mi vida"!—dice Tomás—. ¿Qué me importa a mí la historia? No tiene nada que ver conmigo.

—Yo no entiendo ese trabajo tampoco—dice Olga—. ¿La historia en mi vida? ¿Qué sé yo de la historia?

—Debemos saber algo de nuestras raíces históricas—dice Julia—, para comprender mejor quiénes somos.

—En tu caso, sí—dice Tomás—, porque eres de otro país . . .

—Mira, Tomás, yo no soy de otro país—exclama Julia—. Yo nací aquí. Fueron mis padres los que vinieron de otro país, de Colombia, en los años cincuenta.

—Pero todos somos de orígenes diferentes—dice Mario—. Éste es un país de inmigrantes y por eso la historia importa mucho.

—Estoy de acuerdo—exclama Nora—, porque mis bisabuelos vinieron de Irlanda durante el siglo pasado. Había mucha hambre en su país y vinieron a los Estados Unidos para poder sobrevivir. Mi familia está aquí hoy por ese suceso histórico.

—Mi historia personal—dice Mario—, es que no había suficientes ingenieros en México. Mis padres vinieron para estudiar ingeniería. Por eso estoy aquí.

—Aun así—dice Tomás—, el tema no me interesa.

—No importa—dice Olga—. Tenemos que hacerlo o no vamos a salir bien en el curso del profesor Kurtz.

Por la tarde en la biblioteca de la escuela, Julia y Nora se reúnen con Mario, quien lee un libro sobre el arte de Diego Rivera, el muralista mexicano. Mario mismo es un pintor de mucho talento, y le gusta estudiar a los grandes artistas de todas las épocas.

—Hola, Mario. ¿Qué tal?—pregunta Nora.

—Pues, estoy leyendo este libro sobre Rivera. ¿Saben que me hace pensar en nuestra conversación con Tomás? Rivera siempre se refiere a sucesos históricos en su obra.

35 —¿De veras? ¿Y cómo lo hace?—pregunta Julia.

—Bueno, en este mural, por ejemplo, se trata de la historia de la conquista de México. Éstos son los aztecas y aquí está Cortés. Muchos de los personajes en los murales de Rivera son retratos de figuras históricas. Esta princesa azteca, por ejemplo, es en 40 realidad un retrato de Frida Kahlo, la esposa de Rivera.

—Todo esto me parece un poco extraño—dice Nora—, porque no soy artista ni entiendo el arte.

—No tienes que ser artista para buscar el mensaje en una obra de arte—comenta Mario—. Pero es muy importante el 45 contexto social y político de la obra para poder reconocer los personajes y los símbolos.

—Entonces—dice Nora—, la historia es un elemento muy importante para entender el arte. ¿También es necesario saber algo de la vida del artista para comprender bien su arte?

50 —Pues, posiblemente. Muchos artistas, por ejemplo, prefieren basar sus pinturas en sus propias experiencias. Si alguien los conoce, a menudo puede reconocer sus temas.

—Supongo que tendrás razón—dice Julia.

Al lunes siguiente, Julia se queda en casa porque está enferma. 55 A eso de las diez, la llama Nora desde la escuela.

—Julia, escucha lo que pasó durante el fin de semana. ¡Alguien entró ilegalmente en la escuela y pintó un mural gigantesco en la cafetería!

—¿De veras? Descríbemelo.

60 —Se extiende por toda una pared de la cafetería. En el centro hay un chico con dos caras—una mirando hacia la derecha y la otra hacia la izquierda. A la derecha hay unas pirámides y un pájaro grande con una serpiente en el pico.

—¿Y qué hay a la izquierda?

65 —Hay escenas de la ciudad y de nuestra escuela. También hay un retrato de la directora Montano y de los profesores.

—¿Se sabe quién lo pintó?—pregunta Julia.

—No, nadie sabe nada—responde Nora.

—Pues, si lo analizamos bien, tal vez podemos descubrir quién 70 es el artista misterioso. ¿Por qué no hablas con Tomás, Olga y

Mario? Si Uds. pueden, vengan a mi casa esta noche para hablar sobre el mural. ¿Crees que sabe algo la directora?

75 —Creo que no, pero me imagino que quiere encontrar al artista porque el retrato de ella no la favorece mucho . . . ¡Ay! ¡El timbre! Tengo que ir a clase.
80 Adiós.

—Bueno, nos vemos esta noche. Adiós.

Durante la tarde Olga y Tomás miran el mural.

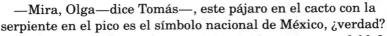

85 —Mira, Olga—dice Tomás—, este pájaro en el cacto con la serpiente en el pico es el símbolo nacional de México, ¿verdad?

—Creo que sí, pero, ¿por qué tiene ese chico una cara doble?— pregunta Olga.

—Hmmm. Pues, puede ser que el chico tenga dos partes, ¿no?
90 Una parte mexicana y una parte estadounidense. ¿Qué son esas caras detrás del chico?

—¡Se parecen a Julia, a Nora, a ti y a mí . . . !—exclama Olga.

Esa noche Olga, Tomás y Nora visitan a Julia. Ya empiezan a sospechar la identidad del artista. Mario no ha asistido a las
95 clases hoy y Julia sugiere que lo llamen.

—Hola, Mario. ¿Qué tal?—pregunta Julia.

—Pues, estoy bien pero muy cansado . . .

—¿Ah, sí? ¿Qué hiciste durante el fin de semana?

—No mucho . . . —dice Mario.

100 —Mario, ¿pintaste el mural de la cafetería?—pregunta Julia.

—. . . Pues, pues . . . ¿Cómo lo supiste? ¿Quién te lo dijo?

—Bueno, el mural mismo. Dentro del mural hay imágenes personales de tu vida, ¿verdad?

—Sí, tienes razón—contesta Mario—. Después de nuestra
105 conversación el viernes, decidí expresar mi propia experiencia como un joven inmigrante en un mural, y por eso fui a la biblioteca para leer sobre los murales de Diego Rivera. Trabajé en la cafetería todo el sábado y el domingo. Pero, ¿qué hago ahora, Julia? La directora estará muy enojada.

110 —Debes ir a hablar con ella mañana por la mañana—aconseja

Julia—. Nosotros te acompañamos.

El martes, los cinco amigos van a la oficina de la directora. Resulta que el mural es un gran éxito tanto con los estudiantes como con los profesores, y todos le han pedido a la directora que lo deje en la cafetería. En realidad, ella también cree que el mural es realmente muy bello a pesar de ese retrato de ella, y ha decidido dejarlo en la pared.

Como castigo por entrar ilegalmente en la escuela, Mario tiene que escribir un trabajo sobre el arte de los muralistas mexicanos. Pero recibe una A en la clase del profesor Kurtz, a quien dedica el mural.

¿DE QUÉ SE TRATA?

1. ¿Por qué escogió Mario la cafetería para pintar su mural?
2. ¿Crees que verdaderamente hay que ser artista para entender el arte?
3. Si quieres comunicar un mensaje, ¿qué forma de arte crees que es mejor: la pintura, la música o la literatura? ¿Por qué?

¿QUÉ QUIERE DECIR?

el mensaje	message		
a eso de	about	**el timbre**	bell
el pico	beak	**el cacto**	cactus
no la favorece	doesn't flatter her	**sospechar**	to suspect

14

LA HISTORIA DE NI[

por Ana María Matute

¿Alguna vez te has puesto triste por algo y has querido cambiarlo?
¿Pudiste hacerlo?

Aquella misma noche, cuando María me acompañó a
acostar, yo iba pensando mucho en el pobre Nin, que
no podía ver nada, con lo bonito que era todo en la
montaña. Me daba mucha lástima y tenía dentro una cosa que
5 me pesaba, como una piedra. Mientras María me preparaba el
baño yo le dije:

—Cuéntame cosas de Nin, María.

—¿Y qué quieres que te cuente, Paulinita?—dijo—. Ya lo
has visto, al pobrecito. Nació así, completamente ciego. No se
10 puede hacer nada.

—Ay, María, qué pena tan grande siento.

María me acarició el pelo.

—Cuando te crezca, voy a hacerte un par de trenzas bien
hermosas—me dijo. Pero yo noté que era para que no pensara
15 en la pena.

—María—le dije—. Yo quiero ser muy amiga de Nin. ¿Estará
mucho tiempo en esta casa? ¿Viene todos los años? Cuéntame
cosas de él.

—Bien—dijo María—. Anda y báñate de prisa, y cuando
20 estés en la cama, me llamas.

Me bañé rápido. El agua estaba muy caliente, pero me
gustaba porque la sangre me iba muy de prisa entonces, por
todo el cuerpo. Lo que más me gustaba era enjabonarme la
cabeza, que sacaba mucha espuma, blanquita y finísima.
25 Entonces María me echaba agua desde arriba y yo cerraba los
ojos, y me gustaba y me daba «repelús» y ganas de reírme.

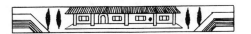

Luego cuando María me envolvía en la toalla y me frotaba, me quedaba el poquito pelo tan suavecito y levantado, que me daba risa mirarme en el espejo, porque parecía mi cabeza una borla. Ay, Dios mío, ¿por qué sería yo tan fea? Seguro que todo el mundo pensaba lo mismo al verme. Y luego me dije: «Por lo menos, Nin no me verá y a lo mejor cree que soy muy bonita». Pero esto no me daba alegría tampoco, porque cuanto más lo pensaba, más horrible y triste me parecía no poder ver.

Me puse el camisón, que era de franela y muy largo, porque allí hay que ir siempre bien abrigado, y llamé a María.

—Mete los brazos dentro—me dijo—. Y ahora, ¿qué es lo que quieres saber?

María había apagado la luz y sólo dejaba encendida la lamparilla que había sobre la mesita de noche. Cogió una silla y se sentó a mi lado.

—María, ¿por qué Nin viene a esta casa? ¿Viene todos los años?

—Sí, viene todos los años . . . desde que era bien pequeñito.
Porque cuando tu abuelita se enteró de que era ciego, tuvo
mucha lástima de él y siempre que veía a Cristina con su niño
atado a la espalda—porque aquí, las mujeres que trabajan en
el campo, como ella, llevan a los niños atados a la espalda,
envueltos en un mantón—, se acercaba a preguntarle cómo
iba creciendo el niño. Cristina estaba muy triste, porque el
médico del pueblo dijo que el niño era ciego de nacimiento.
En estas, llegó el invierno, y el niño de Cristina, que tenía ya
cerca de dos años, se puso muy enfermo. Como ellos vivían
apartados, más allá de Cuatro Cruces—en una casita de la
ladera, junto al bosque del abuelito—, el padre de Juanín, que
se llama Ricardo, cogió el caballo y se fue a buscar al médico.
Pero al pasar por aquí el abuelo lo vio y lo llamó. Y entonces
Ricardo le dijo: «El niño está muy enfermo, se ahoga, parece
que se va a morir». Y dijo que hacía un ruido terrible con la
garganta. El abuelo y la abuela se acordaron del señorito
Miguelín, que se había muerto de lo mismo, hacía muchos
años. Y mandaron a buscar al médico muy rápido. El señor
mismo, tu abuelito, les acompañó. Y entonces vio que la casa
de Cristina era una casa muy vieja, con goteras y con rendijas
por donde el frío entraba por todas partes. Le dio mucha
lástima y dijo: «Envolved al niño y traedlo a casa, porque aquí
hace mucho frío para él». Y en cuanto le hubieron puesto el
suero, lo envolvieron bien y en el caballo lo trajeron aquí, junto
con la madre. El niño se curó, porque ahora hay muchas cosas
para curar esa enfermedad, que se llama difteria. Antes la
llamábamos garrotillo y no la podían curar.

María se había quedado pensando y yo le tuve que decir:

—Sigue, María, por favor. Cuéntame más cosas.

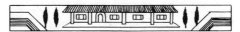

—Entonces, los señores se encariñaron con Nin. Y como es un niño delicado, lo traen todos los inviernos, porque aquella casa es muy mala, para él.

—Pero él tiene pena de separarse de su madre—dije—. Yo lo he visto.

—¿Y qué le vamos a hacer?—dijo María—. Son pobres y no pueden hacer otra cosa.

Esto que había dicho María me hizo mucho daño. No sabía explicarlo, pero me dio más pena todavía que la ceguera de Juanín. Y de repente pensé: «Yo no quiero que pasen estas cosas. Yo no quiero que haya pobres y ricos». Porque me parecía muy mal y además yo lo había leído en la Historia Sagrada, que Jesús vino al mundo por eso.

—¿Y no puede arreglar el abuelo la casa de Nin?—dije yo—. Cristina y su marido son aparceros del abuelo.

María se quedó callada un momentito, mirando para el suelo.

—No sé, hija—me contestó—. A lo mejor no se puede. ¡Es tan vieja! Ya los abuelos de Nin, y los tatarabuelos, nacieron en ella . . . ¡Y es bonita, no creas! Ya iremos un día, con la merienda, de excursión, cuando llegue la primavera.

A mí se me debía notar la pena y la inquietud de todo lo que había dicho María, porque me puso la mano en la frente y dijo:

—No pienses más en esas cosas, niña. Anda; tú sólo sé muy buena con Nin, que el pobrecillo no tiene amigos. Sé tú muy buena con él y no te preocupes de cosas que no son de niños.

Se levantó y apagó la luz. Luego me dio un beso en la frente y, muy despacito, salió de la habitación. Yo pensé que sus manos, que eran tan grandes y ásperas, eran las manos más cariñosas del mundo y me gustaba mucho su olor, mezcla de jabón, de leña y de pan tostado.

¿DE QUÉ SE TRATA?

1. ¿Crees que Paulina quiere saber más de la vida de Nin por curiosidad o por inquietud y lástima?
2. ¿Por qué no le gusta a Paulina la idea de llevar a Nin a pasar el invierno en la casa de los abuelos?
3. ¿Alguna vez has sentido algo parecido a lo que sintió Paulina cuando dice: "... y tenía dentro una cosa que me pesaba, como una piedra"? ¿Qué sentimiento es y cuáles pueden ser las causas?

¿QUÉ QUIERE DECIR?

me daba mucha lástima	I felt very sorry for	le hubieron puesto	they had given him
acarició	caressed	el suero	the serum
la trenza	braid	se había	*here:* had
la espuma	lather	quedado	lapsed into
arriba	above	pensando	thought
frotaba	rubbed	había dicho	had said
la borla	*here:* pompon	la ceguera	blindness
cuanto más	the more	sagrada	sacred
el camisón	nightgown	el marido = el esposo	
la franela	flannel	el aparcero	tenant farmer
abrigado	wrapped up		
había apagado	had turned off	se quedó callada	kept quiet
la lamparilla = pequeña lámpara			
cogió	she got	el tatarabuelo	great-great-grandfather
el mantón	shawl		
se acercaba	*here:* she went over	la inquietud	anxiety
		la frente	forehead
la ladera	hillside	ásperas	rough
se ahoga	he's suffocating	la leña	firewood
se acordaron del = recordaron			
goteras y ... rendijas	leaks and ... cracks		

Lamento

por Bernadette M. Reynolds

¿Cuál es tu definición de la palabra "lamento" (*lament* en inglés)? ¿Alguna vez has tenido vergüenza por algo que habías hecho *(had done)*? ¿Qué hiciste después?

Mi pluma
derrama su sangre
sobre el papel
hasta que no
5   se queda
más que
    una
    sola
    gota.

10 Jamás entenderán
la ansiedad
de esos momentos
solitarios
cuando no existe
15 más que
    el hecho
    el testigo
    el juez.

¿DE QUÉ SE TRATA?

1. En tu opinión, ¿por qué dice la escritora que su pluma no contiene tinta *(ink)*, sino sangre?
2. ¿Qué crees que ha hecho esta persona para sentirse así?
3. La escritora dice que hay momentos en que la persona piensa sólo en el hecho, el testigo y el juez. ¿Crees que la persona esté juzgándose más estrictamente que cualquier *(any)* juez?
4. ¿Crees que el juez del que habla la escritora sea un juez verdadero, la sociedad o quizás la conciencia de la persona misma?

¿QUÉ QUIERE DECIR?

derrama   spills
la gota   drop
jamás = nunca
el hecho   *here:* deed, what one did

A mi amigo

por Elizabeth Millán

¿Te gusta observar el cambio de las estaciones? ¿Cómo es este cambio en el lugar donde vives?

Todos los años pasa lo mismo:
Una mañana estás allí, viejo amigo,
enfrente de mi casa y vestido de verde.
Yo, poco acostumbrada
5   a verte con los primeros brotes de la primavera.
Y luego, y tan de prisa, cambias tu color.
Ya eliges el oro, el rojo y el morado para protegerte
contra los primeros fríos.
Pronto llegan los largos meses helados, ásperos y sin sol
10   de nuestros inviernos.
Yo, con bufanda, botas, guantes.
Tú, desnudo, temblando de frío
(¿de la soledad?) y del viento.
Sin darme cuenta de tus cambios maravillosos
15   sigo derecho sin mirar el paisaje del presente.

Y llega otra vez una mañana en que me muestras tu
   vestido verde:
tan joven y nuevo.
Pero esta vez, esta vez . . .
Observaré tu metamorfosis

de verde a amarillo,
de frondoso a desnudo,
de bien acompañado por todas las criaturas con y sin alas
a tu soledad en el blanco campo de la nieve.
Y esta vez si me preguntan qué día es
sabré por tu número de brotes que es el 2 de abril.
Y cuando tus ramas están envueltas en verde
sabré que ha llegado junio.

Y buscaré el tiempo de contar tus últimas hojas
una por una
hasta que no quede ninguna.
Y cuando llega el invierno, viejo amigo,
buscaré el gorrión más bonito y le invitaré
a que haga su nido en el refugio de tu tronco.

¿DE QUÉ SE TRATA?

1. ¿A qué se dirige la escritora en este poema? ¿Qué representa su
   "viejo amigo" para ella?
2. La escritora dice que antes no se dio cuenta de los "cambios
   maravillosos" de su viejo amigo, pero ahora sí. ¿Por qué crees
   que es así?
3. ¿Qué tipo de clima prefieres—uno en que hay mucha o poca
   diferencia entre las estaciones? ¿Por qué?

¿QUÉ QUIERE DECIR?

el brote	bud	**la criatura**	creature
helados	very cold	**el ala**	wing
ásperos	harsh	**la rama**	branch
desnudo	naked	**el gorrión**	sparrow
temblando	shivering	**el nido**	nest
la soledad	loneliness	**el tronco**	trunk
frondoso	leafy		

16

La gama ciega

por Horacio Quiroga

¿Puedes describir un suceso del pasado que ha influido
mucho en tu comportamiento de hoy? ¿Cuál fue ese suceso?

Había una vez un venado—una gama—que tuvo dos hijos mellizos,
cosa rara entre los venados. Un gato montés se comió a uno de ellos,
y quedó sólo la hembra. Las otras gamas, que la querían mucho, le
hacían siempre cosquillas en los costados.

5   Su madre le hacía repetir todas las mañanas, al rayar el día, la
oración de los venados. Y dice así:

> I Hay que oler bien primero las hojas antes
> de comerlas, porque algunas son venenosas.

> II Hay que mirar bien el río y quedarse quieto
> antes de bajar a beber, para estar seguro de
> que no hay yacarés.

> III Cada media hora hay que levantar bien alta
> la cabeza y oler el viento, para sentir
> el olor del tigre.

> IV Cuando se come pasto del suelo, hay que
> mirar siempre antes los yuyos para ver
> si hay víboras.

Éste es el padrenuestro de los venados chicos. Cuando la gamita lo
hubo aprendido bien, su madre la dejó andar sola.

"La gama ciega," from *Más cuentos* by Horacio Quiroga. Copyright © 1984 by
Editorial Porrúa, S.A.

Una tarde, sin embargo, mientras la gamita recorría el monte comiendo las hojitas tiernas, vio de pronto ante ella, en el hueco de un árbol que estaba podrido, muchas bolitas juntas que colgaban. Tenían un color oscuro, como el de las pizarras.

¿Qué sería? Ella tenía también un poco de miedo, pero como era muy traviesa, dio un cabezazo a aquellas cosas, y disparó.

Vio entonces que las bolitas se habían rajado, y que caían gotas. Habían salido también muchas mosquitas rubias de cintura muy fina, que caminaban apuradas por encima.

La gama se acercó, y las mosquitas no la picaron. Despacito, entonces, muy despacito, probó una gota con la punta de la lengua, y se relamió con gran placer: aquellas gotas eran miel, y miel riquísima, porque las bolas de color pizarra eran una colmena de abejitas que no picaban porque no tenían aguijón. Hay abejas así.

En dos minutos la gamita se tomó toda la miel, y loca de contento fue a contarle a su mamá. Pero la mamá la reprendió seriamente.

—Ten mucho cuidado, mi hija—le dijo—, con los nidos de abejas. La miel es una cosa muy rica, pero es muy peligroso ir a sacarla. Nunca te metas con los nidos que veas.

La gamita gritó contenta:

—¡Pero no pican, mamá! Los tábanos y las uras sí pican; las abejas, no.

—Estás equivocada, mi hija—continuó la madre—. Hoy has tenido suerte, nada más. Hay abejas y avispas muy malas. Cuidado, mi hija, porque me vas a dar un gran disgusto.

—¡Sí, mamá! ¡Sí, mamá!—respondió la gamita. Pero lo primero que hizo a la mañana siguiente, fue seguir los senderos que habían abierto los hombres en el monte, para ver con más facilidad los nidos de abejas.

Hasta que al fin halló uno. Esta vez el nido tenía abejas oscuras, con una fajita amarilla en la cintura, que caminaban por encima del nido. El nido también era distinto; pero la gamita pensó que, puesto que estas abejas eran más grandes, la miel debía ser más rica.

Se acordó asimismo de la recomendación de su mamá; mas creyó que su mamá exageraba, como exageran siempre las madres de las gamitas. Entonces le dio un gran cabezazo al nido.

¡Ojalá nunca lo hubiera hecho! Salieron en seguida cientos de avispas, miles de avispas que la picaron en todo el cuerpo, le llenaron todo el cuerpo de picaduras, en la cabeza, en la barriga, en la cola; y lo que es mucho peor, en los mismos ojos. La picaron más de diez en los ojos.

La gamita, loca de dolor, corrió y corrió gritando, hasta que de repente tuvo que pararse porque no veía más: estaba ciega, ciega del todo.

Los ojos se le habían hinchado enormemente, y no veía más. Se quedó quieta entonces, temblando de dolor y de miedo, y sólo podía llorar desesperadamente.

—¡Mamá! . . . ¡Mamá! . . .

Su madre, que había salido a buscarla, porque tardaba mucho, la halló al fin, y se desesperó también con su gamita, que estaba ciega. La llevó paso a paso hasta su cubil, con la cabeza de su hija recostada en su pescuezo, y los bichos del monte que encontraban en el camino se acercaban todos a mirar los ojos de la infeliz gamita.

La madre no sabía qué hacer. ¿Qué remedios podía hacerle ella? Ella sabía bien que en el pueblo que estaba del otro lado del monte vivía un hombre que tenía remedios. El hombre era cazador, y cazaba también venados, pero era un hombre bueno.

La madre tenía miedo, sin embargo, de llevar a su hija a un hombre que cazaba gamas. Como estaba desesperada se decidió a hacerlo. Pero antes quiso ir a pedir una carta de recomendación al oso hormiguero, que era gran amigo del hombre.

Salió, pues, después de dejar a la gamita bien oculta, y atravesó corriendo el monte, donde el tigre casi la alcanza. Cuando llegó a la guarida de su amigo, no podía dar un paso más de cansancio.

Este amigo era, como se ha dicho, un oso hormiguero; pero era de una especie pequeña, cuyos individuos tienen un color amarillo, y por encima del color amarillo una especie de camiseta negra sujeta por dos cintas que pasan por encima de los hombros. Tienen también la cola prensil, porque viven siempre en los árboles, y se cuelgan de la cola.

¿De dónde provenía la amistad estrecha entre el oso hormiguero y

el cazador? Nadie lo sabía en el monte; pero alguna vez ha de llegar el motivo a nuestros oídos.

La pobre madre, pues, llegó hasta el cubil del oso hormiguero.

—¡Tan! ¡tan! ¡tan!—llamó jadeante.

95 —¿Quién es?—respondió el oso hormiguero.

—¡Soy yo, la gama!

—¡Ah, bueno! ¿Qué quiere la gama?

—Vengo a pedirle una tarjeta de recomendación para el cazador. La gamita, mi hija, está ciega.

100 —Ah, ¿la gamita?—le respondió el oso hormiguero—. Es una buena persona. Si es por ella, sí le doy lo que quiere. Pero no necesita nada escrito . . . Muéstrele esto, y la atenderá.

Y con el extremo de la cola, el oso hormiguero le extendió a la gama una cabeza seca de víbora, completamente seca, que tenía aún 105 los colmillos venenosos.

—Muéstrele esto—dijo aún el comedor de hormigas—. No se precisa más.

—¡Gracias, oso hormiguero!—respondió contenta la gama—. Usted también es una buena persona.

110 Y salió corriendo, porque era muy tarde y pronto iba a amanecer.

Al pasar por su cubil recogió a su hija, que se quejaba siempre, y juntas llegaron por fin al pueblo, donde tuvieron que caminar muy despacito y arrimarse a las paredes, para que los perros no las sintieran. Ya estaban ante la puerta del cazador.

115 —¡Tan! ¡tan! ¡tan!—golpearon.

—¿Qué hay?—respondió una voz de hombre, desde adentro.

—¡Somos las gamas! . . . ¡tenemos la cabeza de víbora!

La madre se apuró a decir esto, para que el hombre supiera bien que ellas eran amigas del oso hormiguero.

120 —¡Ah, ah!—dijo el hombre, abriendo la puerta—. ¿Qué pasa?

—Venimos para que cure a mi hija, la gamita, que está ciega.

Y contó al cazador toda la historia de las abejas.

—¡Hum! . . . Vamos a ver qué tiene esta señorita—dijo el cazador.

Y volviendo a entrar en la casa, salió de nuevo con una sillita alta,

125 e hizo sentar en ella a la gamita para poderle ver bien los ojos sin
agacharse mucho. Le examinó así los ojos, bien de cerca, con un
vidrio redondo muy grande, mientras la mamá alumbraba con el farol
de viento colgado de su cuello.

—Esto no es gran cosa—dijo por fin el cazador, ayudando a bajar
130 a la gamita—. Pero hay que tener mucha paciencia. Póngale esta
pomada en los ojos todas las noches, y téngale veinte días en la
oscuridad. Después póngale estos lentes amarillos, y se curará.

—¡Muchas gracias, cazador!—respondió la madre, muy contenta y
agradecida—. ¿Cuánto le debo?

135 —No es nada—respondió sonriendo el cazador—. Pero tenga
mucho cuidado con los perros, porque en la otra cuadra vive
precisamente un hombre que tiene perros para seguir el rastro de
los venados.

Las gamas tuvieron gran miedo; apenas pisaban, y se detenían a
140 cada momento. Y con todo, los perros las olfatearon y las corrieron
media legua dentro del monte. Corrían por una picada muy ancha, y
delante la gamita iba balando.

Tal como lo dijo el cazador se efectuó la curación. Pero sólo la
gama supo cuánto le costó tener encerrada a la gamita en el hueco
145 de un gran árbol, durante veinte días interminables. Adentro no se
veía nada. Por fin una mañana la madre apartó con la cabeza el gran
montón de ramas que había arrimado al hueco del árbol para que no
entrara luz, y la gamita, con sus lentes amarillos, salió corriendo y
gritando:

150 —¡Veo, mamá! ¡Ya veo todo!

Y la gama, recostando la cabeza en una rama, lloraba también de
alegría, al ver curada su gamita.

Y se curó del todo. Pero aunque curada, y sana y contenta, la
gamita tenía un secreto que la entristecía. Y el secreto era éste: ella
155 quería a toda costa pagarle al hombre que tan bueno había sido con
ella y no sabía cómo.

Hasta que un día creyó haber encontrado el medio. Se puso a recorrer la orilla de las lagunas y bañados, buscando plumas de garza para llevarle al cazador. El cazador, por su parte, se acordaba a veces de aquella gamita ciega que él había curado.

Y una noche de lluvia estaba el hombre leyendo en su cuarto, muy contento porque acababa de componer el techo de paja, que ahora no se llovía más; estaba leyendo cuando oyó que llamaban. Abrió la puerta, y vio a la gamita que le traía un atadito, un plumerito todo mojado de plumas de garza.

El cazador se puso a reír, y la gamita, avergonzada porque creía que el cazador se reía de su pobre regalo, se fue muy triste. Buscó entonces plumas muy grandes, bien secas y limpias, y una semana después volvió con ellas; y esta vez el hombre, que se había reído la vez anterior de cariño, no se rió esta vez porque la gamita no comprendía la risa. Pero en cambio le regaló un tubo de tacuara lleno de miel, que la gamita tomó loca de contento.

Desde entonces la gamita y el cazador fueron grandes amigos. Ella se empeñaba siempre en llevarle plumas de garza que valen mucho dinero, y se quedaba las horas charlando con el hombre. Él ponía siempre en la mesa un jarro enlozado lleno de miel, y arrimaba la sillita alta para su amiga. A veces le daba también cigarros que las gamas comen con gran gusto, y no les hacen mal. Pasaban así el tiempo, mirando la llama, porque el hombre tenía una estufa de leña mientras afuera el viento y la lluvia sacudían el alero de paja del rancho.

Por temor a los perros, la gamita no iba sino en las noches de tormenta. Y cuando caía la tarde y empezaba a llover, el cazador colocaba en la mesa el jarrito con miel y la servilleta, mientras él tomaba café y leía, esperando en la puerta el ¡tantan! bien conocido de su amiga la gamita.

¿DE QUÉ SE TRATA?

1. ¿Cómo era la gamita antes de volverse ciega? ¿Cambió después de volver a ver?
2. Cuando eras niño(a), ¿hiciste algo parecido a lo que hizo la gamita? ¿Qué hiciste?

¿QUÉ QUIERE DECIR?

la gama	doe	sujeta = atada	
el venado	deer	la cinta	band
el mellizo	twin	jadeante	panting
el gato montés	wildcat	aún = todavía	
la oración	prayer	el colmillo	fang
el yacaré	alligator	se precisa = se necesita	
el pasto = la hierba		arrimarse	lean against
los yuyos	weeds	golpearon	they knocked
la víbora	snake	agacharse	lean over, crouch
el hueco	hole	vidrio redondo	round piece of glass
podrido	rotten		
bolitas	little balls	alumbraba con el farol de viento	brightened the area with the lantern
rajado	split		
la gota	drop		
picaron	sting	la pomada	ointment
se relamió	she licked her lips	lentes = anteojos	
		el rastro	trail
una colmena de abejitas	beehive	olfatearon	smelled
		la picada	ford
el aguijón	stinger	balando	bleating
el nido	nest	montón de ramas	pile of branches
los tábanos y las uras	horseflies and botflies	el medio	means
		se puso a = comenzó a	
la avispa	wasp	la orilla de las lagunas y bañados	the bank of small lakes and swam
una fajita = una raya			
se acordó = recordó		plumas de garza	heron feathers
en la barriga, en la cola	on the belly, on the tail	la paja	straw
		un atadito, un plumerito	a little bundle, a little feather duster
hinchado	swollen		
el cubil	den		
el pescuezo = el cuello		avergonzada = llena de vergüenza	
el bicho	insect	anterior = última	
el cazador	hunter	la tacuara	bamboo
el oso hormiguero	anteater	se empeñaba en = insistía en	
		charlando = hablando	
la guarida	den	la leña	wood